Hannelore Hau

Wasserkochen leicht gemacht ...?

Erzählungen

Hannelore Hau

Wasserkochen leicht gemacht ...?

Erzählungen

Mit Illustrationen von
Florian Beer

Für Erika Lonkowski
mit allen guten
Wünschen
Hannelore Hau.

edition fischer

Bibliografische Information der Deutschen Nationalbibliothek
Die Deutsche Nationalbibliothek verzeichnet diese Publikation in der Deutschen Nationalbibliografie; detaillierte bibliografische Daten sind im Internet über http://dnb.d-nb.de abrufbar.

Orber Str. 30, D-60386 Frankfurt/Main

Schriftart: Paltino 14°
Herstellung: Satz*Atelier* Cavlar / Lo
Printed in Germany
ISBN 978-3-89950-439-2

Gewidmet meinem Mann

und meinen Enkelkindern

Sebastian

Sarah

Julieth

Paula

Inhalt

Vorwort

Ich, Florian Beer, der Zeichner, 13 Jahre alt, wollte an diesem Buch mitwirken, da man meiner Meinung nach schon in jungen Jahren das Interesse am Lesen und Gestalten wecken sollte.

Aus diesem Grund habe ich die Chance genutzt, mit meinen Illustrationen dazu beizutragen, das Buch für Groß und Klein gleichermaßen interessant zu gestalten.

Wasserkochen leicht gemacht …!

Diese Geschichte stammt aus dem Jahr 1961 und liefert den Titel zu diesem Buch.

Unser Sohn Stephan war fast ein Jahr alt, als ich zu einer Trauung eingeladen wurde, Uhrzeit 11.30. Da es ein Samstag war und mein Mann zuhause, sagte ich zu. Ich bereitete das Mittagessen für Stephan vor und sagte meinem Mann, dass er nur eine Kartoffel zu kochen hätte, die geschält und geschnitten in einem kleinen Topf liege. Wasser hätte ich schon zugegeben.
Ich eilte zur Kirche und war beruhigt, mein Mann würde den Kleinen schon füttern.

Nach eineinhalb Stunden kehrte ich nach Hause zurück. Im Treppenhaus schnupperte ich. Es roch so angebrannt. Dieser Geruch verstärkte sich sehr beim Betreten der Wohnung. Stephan weinte leise vor sich hin, sicher vor Hunger. Und mein Mann stand leicht verzweifelt in der Küche, wo er zum dritten Mal eine Kartoffel schälte. Jedes Mal hatte er das Wasser verkochen lassen, und die Kartoffel war angebrannt. Es war der dritte Topf, der nun auf dem Herd stand.

Später, als die Kinder größer waren, erzählte ich diese Geschichte. Daraufhin kam diese Antwort: »Wir schenken unserem Vater ein Buch ›Wasserkochen leicht gemacht…!‹«

Die Zeiten haben sich geändert. Die jungen oder jüngeren Männer können heute fast alle kochen; meine Söhne auch.

Als ich 106 Jahre alt war

Im Frühjahr 2006 war ich zu einer ärztlichen Untersuchung in der Universitätsklinik Frankfurt am Main. Ich war angemeldet und wurde sehr freundlich empfangen.

Die Ärztin, die mich untersuchte, sagte zu mir: »So alt wie Sie möchte ich aber nicht werden!« Mir verschlug es die Sprache. Ich bin 73 Jahre, und es geht mir gut. In diesem Moment aber fühlte ich mich wie 106 Jahre alt. Ich stotterte vor Frustration und sagte zu ihr, dass ich doch wohlauf sei. Die Antwort kam prompt von der Ärztin, indem sie den Satz von oben wiederholte.

Vorsichtig fragte ich sie nach ihrem Alter. »Ich bin 53 Jahre«, war die Antwort. Ich hatte auf der Zunge, ihr zu sagen, dass sie sich dann bald einen Revolver kaufen müsste, um sich zu erschießen, denn ganz so jung sei sie ja auch nicht mehr. Stattdessen fragte

ich sie, warum sie denn nicht so alt werden wolle. Sie sagte, dass Demenz in ihrer Familie liege und sie davor Angst hätte. Verstehen konnte ich das etwas, aber trotzdem sagt man so etwas nicht zu einem Patienten.
Meine Untersuchung verlief gut, und darüber war ich froh. Trotzdem verließ ich 106 Jahre alt und darüber bedrückt die Klinik.
Am Nachmittag hatte ich eine Lesung in einem Altenheim. Das passte mir an diesem Tag gar nicht, zumal ich mich steinalt fühlte. Am liebsten wäre ich gar nicht hingegangen.
Als ich dann 106 Jahre alt dort eintraf, saßen etwa dreißig Damen, zum Teil weit über 80 Jahre, gut zurechtgemacht und erwartungsvoll da und harrten meiner. Ich riss mich zusammen und begann, nicht ohne vorher noch das hohe Alter zu erwähnen, in dem wir ja jetzt wären.
Ein Sturm der Entrüstung brach los. Was ich denn wollte, ich wäre doch noch jung. So etwas dürfte ich nicht

sagen. Und Schwupps, schon war ich wieder 73 Jahre alt.
So war ich an einem Tag gealtert und wieder jung geworden.
Ich habe den Damen davon erzählt. Sie waren entrüstet und freuten sich aber dann mit mir. Es wurde ein wunderschöner Nachmittag.

106

Vieles versinkt in der Vergangenheit

Nachdem ich mich entschlossen habe, noch einmal Kurzgeschichten zu schreiben, möchte ich vier Dinge aus meiner Jugend aufgreifen und sie der Vergessenheit entreißen.

Wassersprenger

Als es im Juni und Juli 2006 so heiß war, fielen mir die Wagen wieder ein, die früher bei großer Hitze durch die Straßen fuhren und dabei Wasser sprengten. Die Kinder liefen schreiend und prustend hinterher und ließen sich berieseln. Man wollte damit den Menschen etwas Kühle bringen. Geholfen wird es nicht viel haben, aber die Wasserwagen gehörten im Sommer zum Straßenbild.

Eismann

Ein Wort, das man früher oft gebrauchte, und es hat nichts mit Speiseeis zu tun. Trotzdem liefen wir Kinder hinter diesem Eiswagen her, um ein Stückchen von dem Stangeneis zu erhaschen.
Die Eismänner belieferten die Leute mit Stangeneis für ihren Eisschrank. Sie hatten Lederstücke auf ihren Schultern. Sie hackten mit scharfen Haken die großen Eisstangen entzwei und trugen das Eis dann in die Häuser zu den Verbrauchern. Metzger

und Lebensmittelhändler bekamen große Stangen. Wurde ein großes Fest gefeiert, bestellte man den Eismann, um Stangeneis zum Kühlen der Getränke und Speisen zu haben.
Beim Zerschlagen der großen Eisstangen fielen immer kleine Eisbröckchen ab und diese lutschten wir Kinder. Mancher Eismann zerschlug absichtlich ein Stück Eis in kleine Teile. Dann war für uns die Freude groß.

Schutzmann

Ab und zu hört man dieses schöne Wort noch. Heute werden die Polizisten meistens »Bullen« genannt. Meine Mutter sagte zu mir als Kind immer: »Wenn du unterwegs bist und den Weg nicht weißt, geh' zum Schutzmann. Wenn du Angst vor etwas hast oder jemand dir zu nahe kommt, geh' zum Schutzmann!«
Was für schöne Wörter sind doch »Schutzmann« oder heute auch

»Schutzfrau«! Das Wort Schutz ist ein Wort, das Hilfe, Vertrauen und Wärme bringt. Es ist schön für uns Menschen, dass es Schutzleute gibt.

Hofmusikant

Straßenmusikanten gibt es viele, aber früher hatten wir die Hofmusikanten, die in den Höfen der Häuser spielten. Ich habe darüber in meinem Buch »Was ich zu erzählen habe« unter dem Titel »Musik live« geschrieben.

Lumpensammler

Auch dieser zog früher durch die Straßen und rief: »Lumpen, Alteisen, Flaschen, Papier, Hasenfelle!« Und man brachte ihm das, was wir heute sortiert in die bunten Tonnen oder Container werfen. Wir Kinder und auch die Erwachsenen bekamen ein paar Pfennige. Es war ein winziger Nebenverdienst oder ein klein wenig Taschengeld für uns Kinder.

Ortsdiener

Diese fand man in den Dörfern und Kleinstädten und auch in den Vororten von Frankfurt a. M. oder anderen Großstädten. Heute sind sie durch Radio, Fernsehen, die vielen Tageszeitungen und den Computer aus dem Leben der Menschen verschwunden. Früher waren sie wichtige Leute. Sie hatten große Schellen bzw. eine kleine Glocke am Stiel. Damit läuteten sie lange und laut und standen dabei auf Plätzen und auch Straßen. Die Leute kamen herbeigelaufen und wussten, jetzt gibt es etwas Neues. Hatte sich genügend Volk versammelt, so rief der Ortsdiener: »Bekanntmachung« und verlas dann, was der Magistrat oder der Bürgermeister zu verkünden hatte.

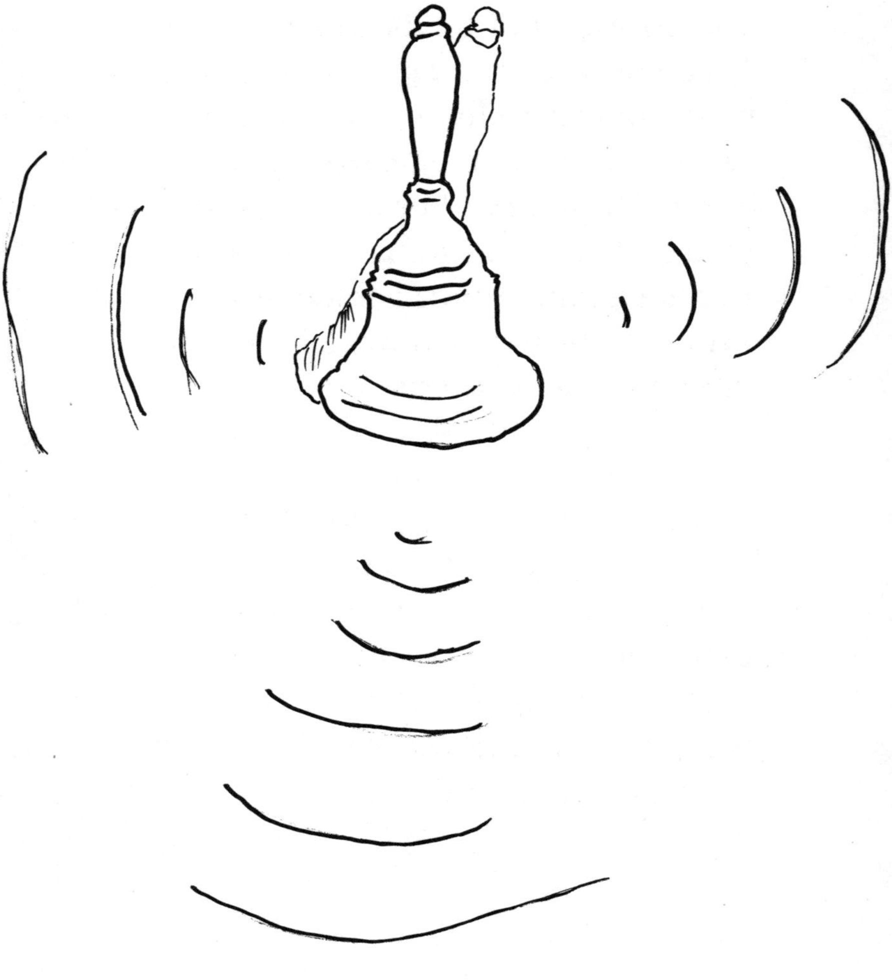

Scherenschleifer

Auch diese sind heute nur noch in Ortschaften zu finden. Und wie gut wäre es, wenn Messer und Scheren mal wieder etwas schärfer wären. Man vertraut aber heute seine Messer und Scheren niemandem mehr an, der sie mit auf die Straße nimmt. Durch Erfahrung sind wir leider sehr misstrauisch geworden.

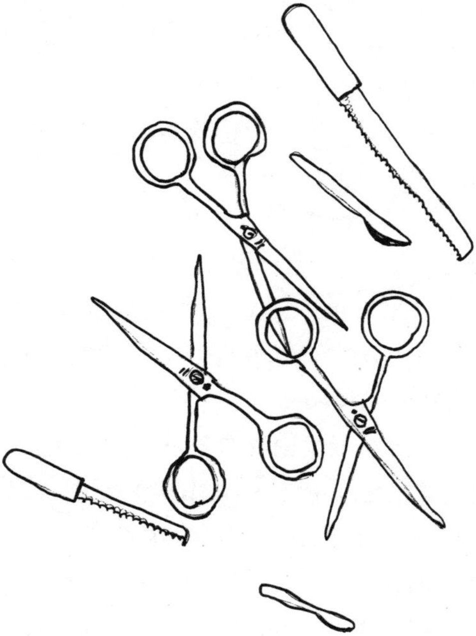

Kesselflicker

Heute ist das ein Wort, das man ab und zu als Schimpfwort hört. Dabei war das früher ein sehr ehrbarer Beruf. Wasserkessel und Töpfe hatten damals oft mal ein Loch. Diese guten Stücke wurden nicht entsorgt. Neue Töpfe waren teuer, und die Wegwerfgesellschaft gab es auch noch nicht. Also wartete man auf den Kesselflicker. Dieser zog von Haus zu Haus, lötete dann auf der Straße die Löcher der Töpfe und Kessel zu und für geringes Geld konnte man die Sachen wieder benutzen.

So wie gewisse Einrichtungen vom Fortschritt überholt werden, so verschwinden auch Worte aus unserer deutschen Sprache.
Zum Beispiel wurde ich bei Lesungen in Schulen von den Kindern gefragt: »Was bedeutet das Wort derb?« Wir sprachen noch von »derber« Kleidung oder vom »derben« Kerl! Dafür

gibt es neue Wörter, die in die Sprache aufgenommen werden.
Alles verändert sich stetig – blicken wir nach vorn.

Seltsame Frage

Ich hatte eingekauft und mit zwei prall gefüllten Taschen keuchte ich heimwärts. Am Westendplatz überquerte ich die Straße und kam ins Stolpern. Ich ließ meine Taschen los und fiel direkt auf die Kühlerhaube eines VW. Mit beiden Armen konnte ich mich darauf auffangen. Da lag ich nun bäuchlings hingestreckt und war froh, dass mir nichts passiert war. Zitternd erhob ich mich, las meine Taschen zusammen und begab mich sehr vorsichtig auf den Heimweg.

Zuhause angekommen erzählte ich, noch leicht benommen, von meinem Sturz. Etwas Mitleid heischend stand ich da, als die erste Reaktion meines Mannes kam: »Ist an dem Auto etwas passiert?« Fassungslos starrte ich ihn an. Nahm ich mich zu wichtig?

Da fiel mir meine Mutter ein, die mich im Krieg immer fragte, wenn ich hin-

gefallen war: »Sind die Strümpfe kaputt, ist der Rock oder die Hose noch ganz?« Aber das war ja auch im Krieg, wo es nichts gab.
Ich denke, dass sich mancher an solche Fragestellungen erinnert, die doch etwas nachdenklich machen.

Das Ende meiner Schi-Karriere

Ich war Mitte Dreißig, und wir waren mit der ganzen Familie in Österreich nahe der Zugspitze im Winterurlaub. Meine zwei Söhne, mein Mann und ich tummelten uns voller Begeisterung auf der Piste.
Es war an einem strahlend schönen Wintertag, als wir uns wieder aufmachten zum Schilaufen. Die Jungen gingen zur Schischule, mein Mann und ich fuhren mit dem Lift hinauf zur Abfahrt. Das Herz ging einem richtig auf bei diesem Wetter und der schönen Gegend. Mein Mann fuhr flott ab und ich etwas langsamer hinterher. Als ich meinen Mann nicht mehr sah, dachte ich, so flott wie der kannst du das auch. Und los ging's. Ich kam ganz schön in Fahrt und irgendwie gelang es mir nicht, rechtzeitig zu bremsen. Ich schoss über das Ende der Piste hinaus, direkt auf die Dorfstraße. Dort, mitten auf der

Straße, stürzte ich und konnte nicht mehr aufstehen. Es tat mir nichts weh, aber ich hatte mich total verheddert, verkantet oder was es sonst noch gibt. So lag ich hilflos da, als sich ein Traktor näherte. Ach du liebes bisschen, hoffentlich sieht der mich, so dachte ich. Und er sah mich. Kurz vor mir kam er zum Stehen. Ein Tiroler wie aus dem Bilderbuch stieg vom Traktor und eilte zu mir. Nachdem er sich erkundigt hatte, ob mir etwas wehtäte, begann er mich zu entwirren und half mir mit einem charmanten Lächeln auf die Beine. Ich bedankte mich, und er fuhr, mir einen Handkuss zuwerfend, davon. Ach, war mir das peinlich!
In diesem Moment beschloss ich, meine Schi-Karriere zu beenden (ich wollte es ja gar nicht schreiben, aber mein Mann stand als lachender Zuschauer am Ende der Piste).

Laut, lauter, am …

Neulich war ich bei meiner Freundin zu Besuch. Sie ist auch Oma geworden, genauso wie ich. Sie hat vier Enkelkinder, die ganz in ihrer Nähe wohnen. Da meine Enkelkinder in anderen Ländern wohnen und nicht so oft bei mir sein können, genieße ich die Enkelkinder meiner Freundin ab und zu. Das vierte Enkelkind ist noch ein Säugling von acht Wochen, und als ich dort ankam, schlief er tief und fest. Ich hatte den Neugeborenen noch nicht gesehen und bewundernd blickte ich in den Kinderwagen. Derweil tobte es im anderen Zimmer herum. Die drei Großen spielten Nachlaufen um den Tisch, hüpfen über Sessel und Couch und man verstand sein eigenes Wort nicht mehr. Eine Unterhaltung war unmöglich. »Ach ja«, sagte dann die Oma der Kinder zu mir: »Warte nur, bis der Kleinste aufwacht, dann wirst du den Lärm der anderen nicht mehr hören, so laut schreit der.«

Und so war es auch.

Mir reichts!

Wir fuhren nach Limburg, um Stadt und Dom zu besichtigen. Nachdem wir die schöne alte Stadt mit ihren Fachwerkhäusern gesehen hatten, begaben wir uns zum Dom.
Wir wurden gebeten zu warten, da gerade eine Hochzeit sei und wir stören würden. So standen wir auf dem Platz vor dem Dom, und da schönes Wetter war, konnte man es aushalten. Auch waren wir gespannt auf das Brautpaar.
Endlich öffnete sich das Portal, und man konnte den Brautzug kommen sehen. Vorneweg ging ein kleiner Junge von ungefähr vier Jahren mit einem Körbchen voller Blumen, dahinter zwei Mädchen, ebenfalls mit Blumenkörbchen, aus denen sie eifrig die Blütenblätter streuten. Dann sah man das Brautpaar.
Als der kleine Junge die Stufen des

Doms erreicht hatte, stürmte er los. Wie ein Wirbelwind erreichte er den Domplatz und schmiss sein Körbchen in hohem Bogen ins Gebüsch, wobei sich die Blütenblätter in der Luft verteilten. Dazu rief er: »So etwas Langweiliges, mit reicht's, mir reicht's!«
Danach hopste er fröhlich herum, bis er von seinem Vater eingefangen wurde.

Ein Rucksack voller …

Meine Freundin in Tasmanien hat zwei Enkelkinder, zwei Mädchen, Keeley und Remy. Keeley geht schon zur Schule, und einmal in der Woche sind beide bei meiner Freundin.

Es war an einem Vormittag. Keeley war in der Schule und Remy bei der Oma. Meine Freundin kochte das Mittagessen und Remy spielte. Meiner Freundin kam es auf einmal so merkwürdig ruhig vor. Vorsichtig kam sie aus der Küche und schaute ins Wohnzimmer. Da sah sie Remy geschäftig hin und her laufen. Den kleinen Rucksack ihrer Schwester hatte sie aus der Diele geholt und auf's Sofa gestellt. Sie lief ein Stück weg davon, gab sich einen Handkuss, eilte zum Rucksack zurück und tat etwas hinein.
Meine Freundin sagte: »Remy, was

machst du da? Du sollst doch Keeleys Rucksack nicht nehmen!«
»Ach Omi«, antwortete Remy, »ich fülle den Rucksack doch nur mit Küssen für meine Schwester!«
»Dann tue bitte auch einen von mir hinein«, sagte meine Freundin gerührt und gab sich einen Kuss auf ihre Hand, blies ihn zu Remy, die fing ihn auf und tat ihn in den Rucksack.
Was gibt es für friedliche Sachen auf dieser Welt.

Tierische Mitreisende

Auf einer Reise zu meiner Kusine nach Alsfeld musste ich in Gießen umsteigen. Da der Zug aus Frankfurt/Main etwas Verspätung hatte, war der Anschlusszug weg, aber der nächste Bahntriebwagen stand schon da. Es war noch eine Stunde bis zur Abfahrt, aber das war für mich kein Problem, denn zum Lesen hatte ich genug dabei.
Ich stieg also in die 1. Klasse ein, um es mir gemütlich zu machen. Ein wütendes Gebell empfing mich, und zwei Dackel stürzten auf mich zu. Erschrocken blieb ich stehen, denn es war außer den Hunden kein Mensch zu sehen.
Als die Tiere sich etwas beruhigt hatten, wollte ich mich setzen, aber genau auf diesen Platz sprang einer der Hunde und sah mich mit funkelnden Augen an, sprich, dieser Platz gehört mir.

Der andere Dackel beobachtete alles genau. Ich nahm nun auf der anderen Abteilseite Platz und schwups saß mir der Hund auf dem Schoß. Der andere nahm neben mir Platz. Da saß ich nun mit zwei Bewachern im Zug nach Alsfeld. Ich wurde genauestens beobachtet. Wieso reisen die allein, fragte ich mich? Wo ist das Herrchen? Ich wurde weiter fragend und genau angeschaut. »Los, geh mir vom Schoß!« Nichts, nur Zufriedenheit breitete sich aus. Leider nur kurz, denn mittlerweile stiegen Reisende ein und durchquerten unser Abteil, und da war was los.

Wütend kläffend sprangen die Hunde die Reisenden an. Manch böser Blick traf mich. Ich zuckte nur die Schultern, denn als ich mit den Hunden alleine war, trat sofort Ruhe ein und die Plätze neben mir wurden von den Hunden wieder besetzt. Ich wurde von ihnen akzeptiert.

Der Tumult und das Geknurre und Gekläffe wiederholten sich noch meh-

rere Male, und ich war froh, als es auf die Abfahrt zuging. Mittlerweile dachte ich, dass die Hunde alleine reisten und war schon sehr gespannt, wo sie aussteigen würden.
Eine Minute vor Abfahrt erschien ein Hüne von Mann und wurde von den Hunden liebevoll begrüßt. Dieser fing nun an unentwegt zu reden. Er hätte gut gefrühstückt und seine Ruhe gehabt, weil er die Hunde schon in den Zug getan hätte. Dann kamen alle Krankheiten der Hunde dran, und er dürfte gar nicht hier sitzen. Er führe samstags immer ohne Fahrkarte, da ja eh kein Schaffner käme. Alles wurde sehr lautstark vorgetragen, und ich war genervt. Als er dann mit den Essgewohnheiten seiner Dackel anfing, riss mir der Geduldsfaden.
»Seien Sie bitte sofort ruhig. Sie gehen mir so auf die Nerven. Ich will nichts mehr hören.« Ich war über mich selbst etwas erschrocken. So barsch hatte ich den Herrn angesprochen.

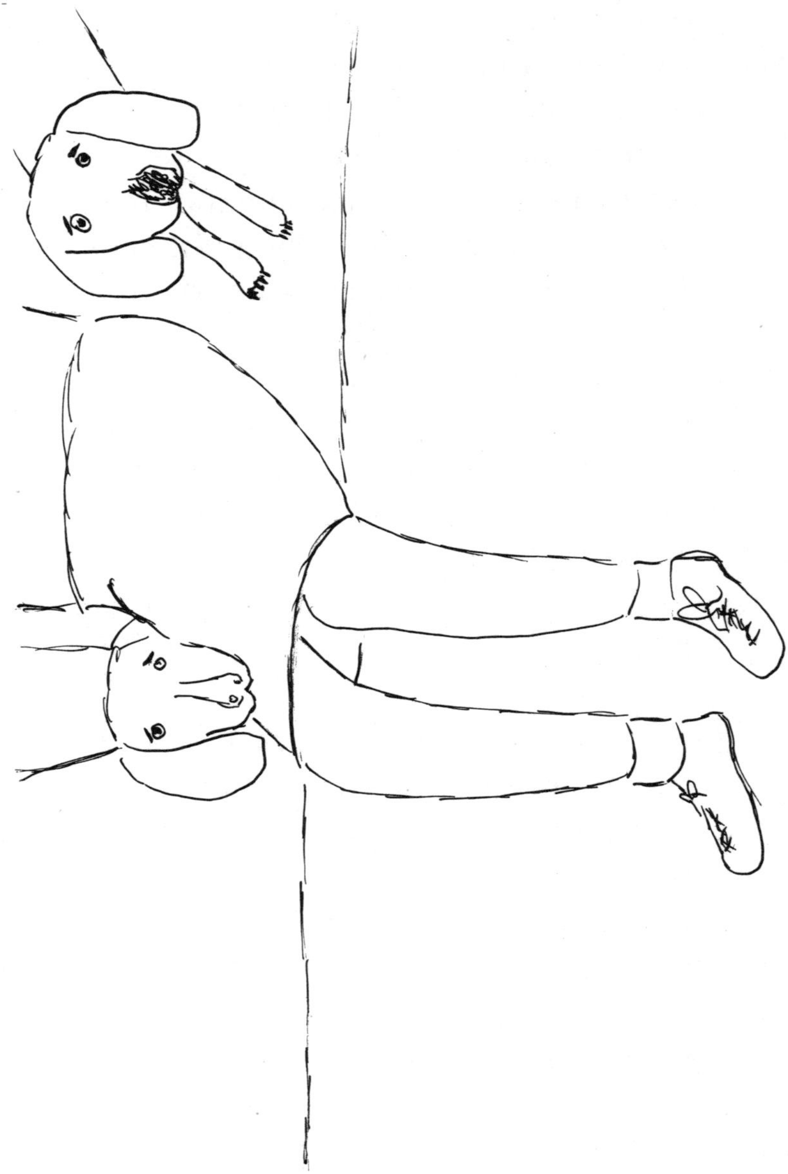

Aber siehe da. Es trat eine wunderbare Stille ein, und als ich an meinem Ziel ausstieg, wurde mir noch höflich »Auf Wiedersehen« gesagt.
Staunend darüber, dass jemand meiner nicht eben freundlichen Bitte gefolgt war, stand ich auf dem Bahnsteig.

Habe ich das richtig gesehen?

Meine Freundin bewohnt mit ihrem Mann ein sehr schönes Haus mit einem wundervollen Garten. In dem Garten stehen auch einige Tannen.

Vor einiger Zeit zieht sie, wie jeden Tag, früh am Morgen die Rolläden im Wohnzimmer hoch, schaut in ihren Garten und erstarrt. Sie reibt sich die Augen; denn was sie sieht, ist kaum zu glauben. In ihren Tannenbäumen sitzen zehn große Eulen und schauen zu ihr hin. Nachdem sich meine Freundin und die Eulen eine Zeit lang betrachtet haben, rennt die Dame des Hauses schnurstracks ins Schlafzimmer, weckt ihren Mann, dann die Kinder und ruft: »Kommt schnell, kommt schnell; so etwas, was in unserem Garten ist, habt ihr noch nie gesehen, schnell, schnell!«
Alles stürzte aus den Betten und

rannte ins Wohnzimmer. Die aufgescheuchten Schläfer schauten aus dem Fenster, machten fragende Mienen und schauten die Mutter an. »Da, seht doch die zehn Eulen«, sagte diese. Wieder wurde aus dem Fenster geschaut, aber weit und breit waren keine Eulen zu sehen. Die Familie warf sich Blicke zu, schüttelte die Köpfe, sagte aber nichts und legte sich wieder zu Bett.
Meine Freundin was fassungslos. »Ich habe sie aber gesehen und auch eine Zeit zu ihnen geschaut!«
Als die Familienmitglieder das Haus verlassen hatten, dachte sie noch oft an die Eulen: Ich habe die Eulen gesehen! Am Abend wurde sie von der Familie gefragt, ob es ihr gut ginge und wie ihr Tag ohne Eulen verlaufen sei. »Ich habe sie aber gesehen.«

Am nächsten Morgen zog sie die Rolläden wieder hoch und siehe da, die zehn Eulen saßen wieder in den Tannen. Sofort machte sie kehrt und

schrie: »Steht auf, steht auf, die Eulen sind wieder da!« Anstatt sich zu beeilen, schlurften alle sehr langsam herbei, mit mitleidigen Blicken für die Mutter.

Aber sie kamen aus dem Stauen nicht mehr heraus. Vor ihnen saßen tatsächlich zehn große Eulen in den Tannen. Meine Freundin war glücklich, dass dieses Schauspiel nun auch von ihrer Familie gesehen wurde.

Sie rief an diesem Tag noch bei dem Forstamt an und berichtete die Eulengeschichte. Der Förster sagte ihr, dass Eulen oft am frühen Morgen, bevor sie zum Schlafen in den Wald fliegen, noch einmal Rast auf Bäumen, besonders Tannen machen.

Am Morgen darauf waren leider keine Eulen mehr da, und bis heute hat sich das Schauspiel auch nicht wiederholt. Das war's halt, dachte meine Freundin.

Ein paar Tage später, es war Aschermittwoch, zog sie morgens wieder

ihre Rolläden hoch und was sahen ihre erstaunten Augen: ein großer weißer Schwan saß im Vorgarten.
»Ach du liebes bisschen, das glaubt mir kein Mensch!« Die Familienmitglieder waren schon fort, was ganz gut war. Sie rief die Feuerwehr an und erzählte von dem Schwan. Die Feuerwehr kam, und kein Schwan saß mehr im Vorgarten.
Nun guckten die Männer der Feuerwehr etwas komisch. Sicher hat sie zu viel Fastnacht gefeiert und zu viel getrunken. Wieso muss mir schon wieder so etwas passieren, dachte meine Freundin.
Die Feuerwehrleute gingen um das Haus herum und siehe da, der Schwan hockte nun hinter dem Haus unter den Tannen, wo einmal die Eulen saßen. Die Feuerwehrleute nahmen den Schwan mit und brachten ihn dahin, wo er hin gehörte.

Die Rolläden werden jetzt morgens vorsichtig hochgezogen, immer mit dem Hintergedanken, was wohl jetzt eventuell wieder im Garten sitzen könnte.

Ausgesetzt

Ich denke, dass mir diese Geschichte niemand glaubt, aber sie ist mir tatsächlich passiert.

Ich musste zur Beerdigung eines sehr guten Freundes der Familie nach Darmstadt. Da mein Mann zu dieser Zeit in Irland war, fuhr ich mit dem Zug. Nach der Beisetzung waren alle Trauergäste in einem Hotel im Odenwald zu einem Imbiss eingeladen. Da mich viele der Leute kannten, wurde ich oft gefragt, wie ich denn heim käme, und man könnte mich gerne mitnehmen, da man ja auch nach Frankfurt müsse.
Zuerst hatte mich ein Ehepaar aus Kronberg gefragt, und da ich dieses besonders gut kannte, hatte ich zugesagt, zumal sie beteuerten, dass der kleine Abstecher nach Frankfurt ihnen Freude machen würde und sie mir gerne einen Gefallen täten.

Ich bedankte mich und sagte, dass sie nur bis zum Messeturm fahren müssten, von da aus hätte ich es nicht weit.

Am Nachmittag, als es schon etwas dämmrig war, fuhren wir los. Ich saß dankbar und müde hinten im Wagen. Es wurde sich ein bisschen unterhalten, und so erreichten wir die Autobahn Wiesbaden – Frankfurt.
Es machte sich plötzlich eine merkwürdige Stimmung im Auto breit. Der Fahrer fuhr urplötzlich auf den Standstreifen und sagte mir, dass ich aussteigen solle, er hätte es sich anders überlegt und wolle jetzt gleich in den Taunus. Seine Frau widersprach ihm sofort, aber er verlangte, ich solle aussteigen.
Da ich merkte, dass bei diesem Mann etwas nicht stimmte, verließ ich schleunigst den Wagen, und bevor ich noch die Autotür richtig zumachen konnte, brauste dieser auch schon davon.

Da stand ich nun auf einem Acker an der Autobahn und sammelte mich erst einmal. Zum Glück hatte ich mein Handy dabei. Schnell rief ich die Taxizentrale in Frankfurt an, schilderte meine Lage und gab den ungefähren Standort meines Rausschmisses an. Es dauerte nun eine Zeit, bis mein Taxi kam, denn es war ja für den Fahrer gar nicht so einfach, auf Umwegen zu mir zu kommen.
Freudig begrüßte ich ihn, stieg ein, erzählte meine Geschichte und fühlte mich in Sicherheit. Und siehe da, der Fahrer berichtete mir, dass solche Fälle öfter mal vorkämen, aber da wären es meistens Ehepaare.
Ich habe diese Geschichte unseren Freunden in Darmstadt erzählt, und die waren gar nicht so verwundert, man würde den Mann ja kennen. Sie bedauerten mich, und es war ihnen peinlich.

Jedes Mal, wenn ich im Auto an der Stelle der Autobahn, wo man mich aussetzte, vorbei komme, bin ich dankbar, dass alles so gut abgelaufen ist.

Noch einmal und noch einmal und …

Diese Geschichte, die ich hier jetzt schreibe, ist kaum zu glauben, aber ich beteure, dass sie die pure Wahrheit ist und wirklich nichts als die Wahrheit. Geschehen in der ersten Januarhälfte 2008.

1.Teil

Wir flogen Anfang Januar nach Neu-Delhi. Wir waren sechs Personen und hatten zehn Gepäckstücke. Sorgfältig hatten wir das Gepäck nachgezählt und nach dem Einchecken in Frankfurt waren wir froh, dass alles so gut geklappt hatte.
Genauso froh waren wir nach der Landung in Indien, als alle zehn Teile wieder auf dem Gepäckband ankamen. Mit drei Kofferkulis verließen wir den Flughafen. Draußen wurden

wir abgeholt und mit Hilfe der Fahrer wurde alles gut in die Autos verstaut. Glücklich zuhause angekommen, zählte mein Sohn die Gepäckstücke nach. O Schreck und Graus, es waren nur neun! Noch einmal alles überprüft, es waren nur neun; und da wurde uns klar, dass der große schwarze Koffer vor dem Flughafengebäude im Menschengewühl und direkt an einem Taxi-Halteplatz stehen geblieben war.

Mein Sohn fuhr sofort zum Flughafen zurück. Die Uhr zeigte zwei Stunden nach Mitternacht, und wir alle hatten keine Hoffnung, dass unser Koffer noch da sein würde. Mein Sohn ging sofort zur Polizei und zum Zoll und gemeinsam gingen die Beamten mit ihm zu der Stelle, wo wir den Koffer stehen gelassen bzw. vergessen hatten. Und genau da stand er noch, unser großer schwarzer Koffer. Immerhin hatte er fast zwei Stunden dort verbracht. Nun wurde mein Sohn gefragt, ob das denn wirklich sein Koffer sei? Da er ihn selbst gepackt hatte, konnte er den Inhalt genau beschreiben. Der Koffer wurde geöffnet, die Angaben für richtig befunden. Dann wurde der schon verloren oder gestohlen geglaubte Koffer seinem Besitzer übergeben, der sich glücklich auf die Heimfahrt machte und den wartenden und dann staunenden Familienmitgliedern vom glücklichen Ende der Geschichte berichtete.

2. Teil

Wir waren mit dem Auto zu einer Besichtigung gefahren, und als wir zurückkamen, merkte ich, dass ich meine Perlenbrosche verloren hatte. Da ich den Verlust im Auto vermutete, bat ich den Fahrer, doch noch einmal dort nachzusehen. Leider war nichts von meiner Brosche zu sehen. Der Fahrer teilte mir dies bedauernd mit. Es vergingen zwei Tage, da schellte es, und der Fahrer brachte mir strahlend mein Schmuckstück zurück. Ein Inder hatte es auf der Straße vor dem Haus gefunden und nachgefragt, ob jemand etwas verloren hätte. Ziemlich ungläubig, aber voller Freude nahm ich meine Brosche in Empfang.

Sie wollen jetzt sicher wissen, ob ich dem Finder etwas gegeben habe. Ja! Und ich habe mich auch aufrichtig bedankt.

3. Teil

Wir waren zum Nachmittagskaffee in einem Hotel in Neu-Delhi. Es waren zwei schöne Stunden bei hervorragendem Kaffee und Kuchen. Mein Mann bezahlte mit Kreditkarte, und dann fuhren wir nach Hause. Am nächsten Tag merkte ich, dass mein Mann hektisch seine Taschen und dann unsere Sachen untersuchte. »Was ist los?« wollte ich von ihm wissen. »Meine Karte, mit der ich ges-

tern das Kaffeetrinken bezahlt habe, ist weg! Ich habe sie wohl im Hotel liegen lassen.«
So ein Schreck fährt einem ganz schön in die Glieder. Sofort ein Anruf im Hotel; nein, sie hätten nichts gefunden. Nächster Anruf nach Frankfurt, um die Karte sperren zu lassen. Von dort ließ man uns auch wissen, dass von der Karte bis jetzt nichts abgebucht wurde und man sie sofort sperren werde. Großes Aufatmen bei uns. Am Nachmittag kam ein Anruf vom Hotel, die Karte sei gefunden und könne dort abgeholt werden. Trotz gesperrter Karte haben wir das gemacht. Ein Stein ist uns vom Herzen gefallen.

4. Teil

Ein schöner Urlaub bei unseren Kindern ging zu Ende, und wir waren wieder am Flughafen Neu-Delhi, um heim nach Frankfurt zu fliegen.

Wir checkten ein und bekamen unsere Bordkarten. Das alles hatte mein Mann übernommen, und ich war froh, dass wir die Koffer los hatten (dieses Mal nur drei an der Zahl, und einer davon war leer).
Langsam schlenderten wir durch das Flughafengebäude; denn Zeit bis zum Abflug hatten wir noch genug. Da sahen wir einen Inder aufgeregt auf uns zu rennen. Er wandte sich an mich und sagte: »Wir haben Sie beobachtet, hier sind Ihre Pässe! Ihr Mann hat sie liegen lassen.« Drückte mir die Pässe in die Hand und verschwand. Stumm und sehr erschrocken standen wir da. »Ich glaube, man kann uns nirgends mehr hinschicken.« Das glaube ich zwar nicht, aber nachdenklich war ich auch.

5. Teil

Nun mussten wir noch durch die Sicherheitskontrolle. Jacke aus, Tasche und Handy ins Körbchen. Die Dame an der Kontrolle für mich wollte noch meine Bordkarte sehen. Die hatte ich in meiner Handtasche. Ich versprach, sie gleich zu bringen. Ich holte meine Jacke, meine Handtasche und zeigte meine Bordkarte vor. Alles okay; nun hatten wir es geschafft. Mein Mann und ich strebten dem Abflug-Gate zu.

Plötzlich durchfuhr mich ein Schreck. Ich hatte mein Handy bei der Sicherheitskontrolle im Körbchen vergessen. »Schnell zurück!« rief ich meinem Mann zu. Der guckte mich verständnislos an. »Mein Handy, mein Handy!« rief ich. »Madame«, erklang eine Stimme hinter mir, »hier ist Ihr Handy, Sie haben es liegen lassen«, und ein charmanter indischer Soldat überreichte mir mein Handy.

Völlig überrumpelt stammelte ich ein »Dankeschön« anstatt Thank you. Lächelnd verbeugte er sich und wandte sich ab.

Jetzt sagte ich: »Ich glaube, man kann uns nirgends mehr hinschicken.« Aber man soll optimistisch in die Zukunft sehen. Nächsten Monat fliegen wir wieder, diesmal nach Stockholm.

Früher war das anders

Ich kaufte in meinem Reformhaus ein, unter anderem auch Knoblauchkapseln. Mit meinen eingekauften Waren fuhr ich mit dem Einkaufswagen zur Kasse und legte alles auf das Band. Neben mir stand ein gut gekleideter Herr in meinem Alter und bezahlte seinen Einkauf.

Ich hatte nur noch die Knoblauchkapseln auf das Band zu legen, als diese mir runterfielen und genau dem netten Herrn neben mir auf die Schuhe.

Da sagte der Inhaber des Reformhauses zu mir: »Früher war das anders, da hat die Dame ihr Spitzentaschentuch dem Herrn vor die Füße geworfen, wenn sie Anschluss suchte.«

Der nette Herr erwiderte, dass er das in unserem Alter anders sehen würde. Pillen wären da genau das Richtige, und er bückte sich und überreichte mir galant lächelnd und sich leicht

verbeugend meine Knoblauchpillen. Alle drei mussten wir herzhaft darüber lachen.

Nur kein Hase, Löwe, Katze usw.

Als mein Enkelkind Sebastian in Freising wohnte, bin ich oft dorthin gefahren.
Sebastian war in einer Spielgruppe, und ich begleitete ihn gerne dort hin. An einem Vormittag wurde ein Spiel gemacht. Die Kinder mussten sich in einem Kreis aufstellen, und jedes Kind sang alleine das gleiche Lied, wo es am Schluss wählen konnte, ob es ein Hase oder Löwe oder sonst ein Tier sein wollte.
Nun kam mein Enkelkind Sebastian an die Reihe. Leider kenne ich den genauen Text des Liedes nicht mehr, nur noch eine Zeile. Sebastian stellte sich auf und sang lauthals: »… überall ist Sonnenschein, wenn ich nicht Sebastian wäre, möchte ich ein Traktor sein.«
Es herrschte atemlose Stille, bevor ein herzliches Gelächter los brach.

Mein kleiner »Traktor« schaute recht verständnislos drein.

So schön kann Schule sein

Der Mann eines mir befreundeten Ehepaars aus den USA wurde von der Firma aus nach Deutschland versetzt. Die restliche Familie war nicht so ganz davon angetan. Besonders die beiden Söhne jammerten wegen der Schule. Wie wird es in Deutschland sein? Hier haben wir unsere Freude. Werden die Lehrer streng sein? Werden sie uns verstehen?

Die Eltern beruhigten ihre Söhne. Es wird nicht so schlimm werden. In der Internationalen Schule verstehen euch alle.

Dann kam der erste Schultag, und die Jungen trotteten mit hängenden Köpfen zur Schule. Sorgenvoll blickten ihnen die Eltern hinterher. Gegen Mittag kam dann ein sehr vergnügtes Bruderpaar nach Hause. Als sie die fragenden und erstaunten

Blicke der Eltern sahen, legten die beiden los:
»Toll ist es in Deutschland in der Schule. Viel besser als bei uns. Da kann man singen und lachen. Anziehen kann man auch, was man will. Aufgaben gibt es keine, also einfach alles ganz, ganz toll. Hier wollen wir bleiben!«

Fassungslos schauten sich die Eltern an. Sie hatten mit allem gerechnet, aber eine solche Begeisterung kam ihnen doch sehr komisch vor. Und sie hatten Recht. In Deutschland war Fastnacht, Karneval oder Fasching!

Was bringst du uns mit?

Der Enkel Paul meiner Freundin aus Hamburg (10 Jahre alt) war zu Besuch bei ihr in Bad Homburg. Seine zwei kleinen Geschwister fanden das gar nicht gut; denn auch sie liebten ihre Omi und wären gerne mitgefahren. Bei einem Telefongespräch mit seinen Geschwistern sagte Paul: »In drei Tagen komme ich wieder und bringe euch was Tolles mit.«
Zuerst herrschte Stille am Telefon und dann kam die Frage, was es denn sei. Paul erwiderte, dass er das nicht verraten würde.

Am nächsten Tag am Telefon wurde Paul von den neugierigen Geschwistern aufgefordert, ein bisschen was zu verraten. Er sagte ihnen, dass das Geschenk ziemlich groß sei.
Die Geschwister in Hamburg platzen beinahe vor Neugier.

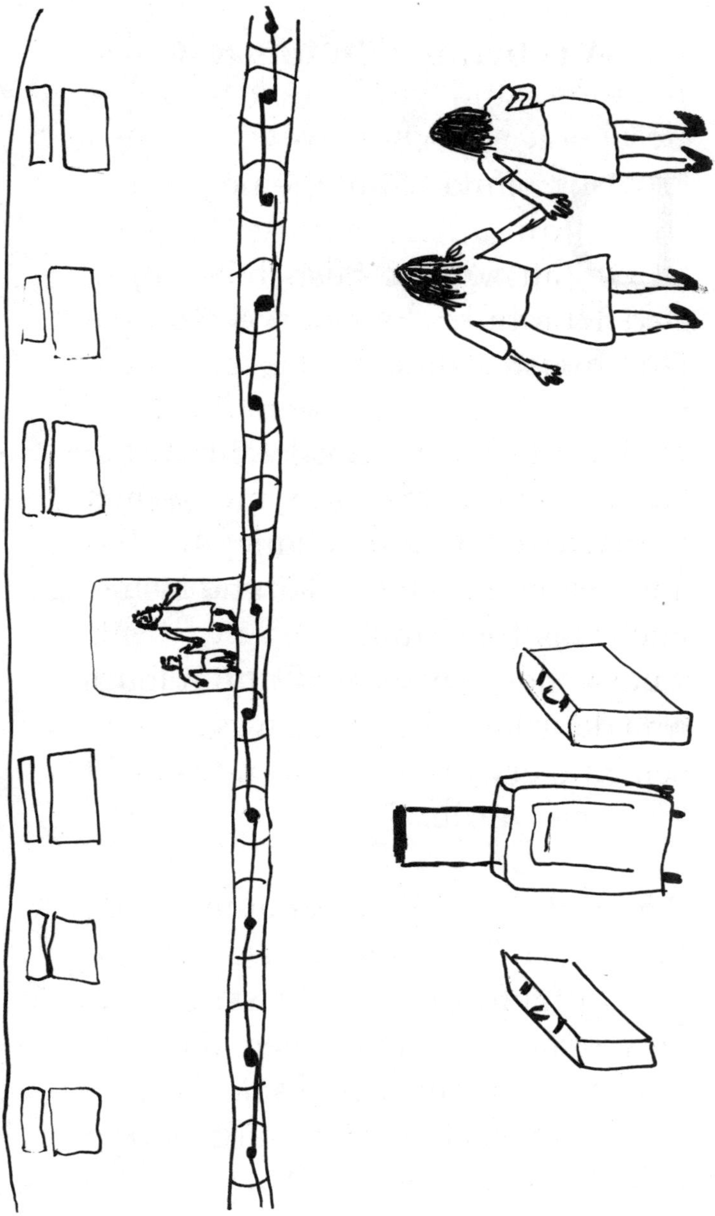

Tags darauf wiederholte sich das Telefonat und Paul sagte nur, das Geschenk sei schön weich. Lautes Protestgeschrei ertönte.

Einen Tag vor der Heimreise sagte Paul seinen Geschwistern noch, dass das Geschenk dick sei.

Endlich lief der Zug mit Paul in Hamburg ein. Seine Geschwister hüpften auf dem Bahnsteig herum; dann rannten sie Paul erwartungsvoll entgegen. Und Paul sagte: »Seht, hier ist mein Geschenk für euch, es ist unsere Oma!«

Was ein Bagger alles kann oder können sollte!

Mit unserem damals fast dreijährigen Enkel Sebastian ging mein Mann oft zu der Großbaustelle der Allianz. Sehr lange standen sie an der Stelle, von der aus man in die Baugrube hinein sehen konnte. Viele Baufahrzeuge oder -maschinen konnte man in Aktion sehen. Sebastian hatten es am meisten die Bagger angetan, die immer wieder die großen Baugrubenlöcher zuschaufelten. Kamen die beiden dann nach Hause zurück, erzählte Sebastian begeistert von dem, was er gesehen hatte.

So war es auch an einem Nachmittag. Doch irgendetwas beschäftigte ihn. Ein bisschen später kam ich in unsere Diele und blieb erstaunt stehen. Auf dem Boden saß Sebastian, der seine Hose ausgezogen hatte, und er fuhr

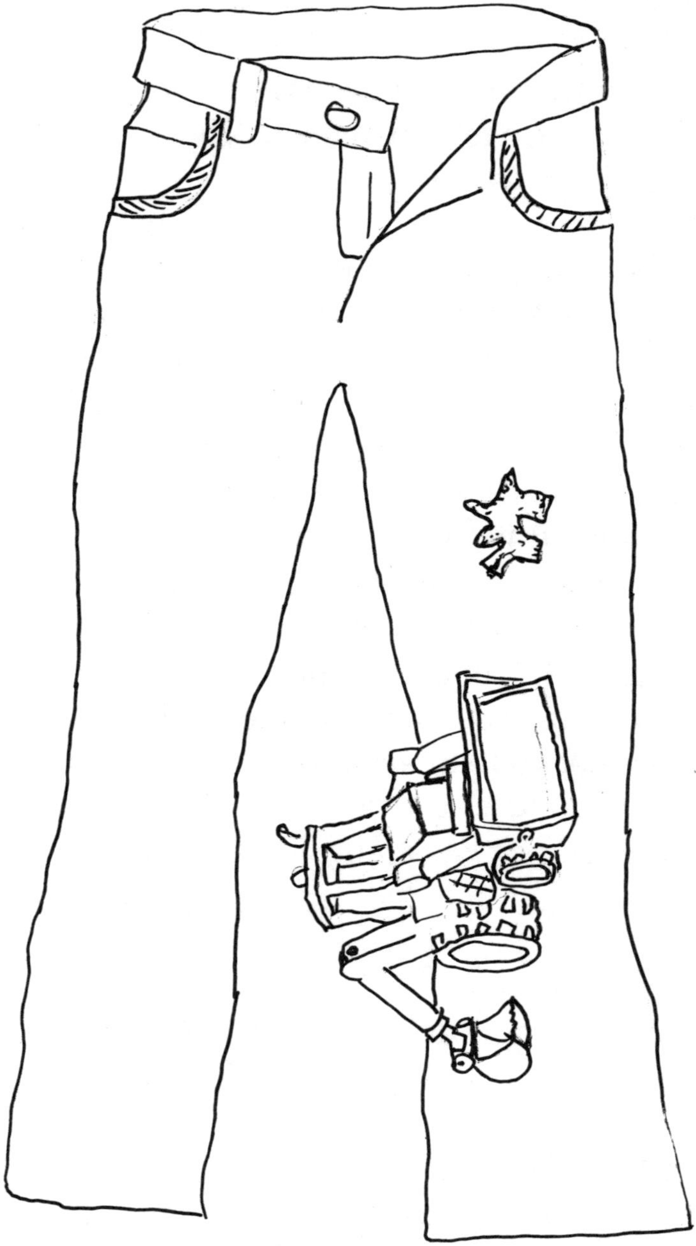

mit seinem kleinen Spielzeugbagger hin und her über seine Hose.
»Was machst du denn da?« fragte ich neugierig. »Omi, meine Hose hat am Bein ein kleines Loch, und das will ich zumachen. Und da der große Bagger große Löcher zumacht, kann der kleine sicher auch das kleine Loch zumachen!« Sprach's und fuhr weiter hin und her.
Daraufhin habe ich meinem Enkel meinen Nähkasten gezeigt, ihm alles erklärt und das kleine Löchlein zugenäht. Sebastian hat alles genau verfolgt, aber als er meine Fingerhüte entdeckte, war alles andere vergessen.

Nie mehr hoch hinaus

Vor einiger Zeit besuchten wir unsere Kinder und Enkelkinder in Schweden. An einem Sonntagmorgen gingen wir gemeinsam zum Kinderspielplatz. Was war das für eine Freude. Ich wurde von den Kleinen an die Hand genommen und von der Rutschbahn bis zum Karussell wurde mir alles gezeigt und vorgeführt.

Nachdem ich soweit alles begutachtet hatte, sagte Julieth plötzlich, dass sie mit mir und dem Papa auf das Trampolin wolle. »Trampolin«, in meinem Inneren kam Neugier und Spannung auf. Auf einem Trampolin war ich noch nie. Mit meinen 75 Jahren wäre es ja endlich an der Zeit, so ein Gerät auszuprobieren.

Gesagt – getan. Frohen Mutes stellte ich mich mit Sohn und Enkeltochter auf das Trampolin. Wir hielten uns an den Händen und los ging es. Fünf

mal bin ich vielleicht gesprungen, da wurde mir so schwindelig wie noch nie in meinem Leben. Ich rief den beiden zu »Halt, halt!« und klammerte mich an meinen Sohn. »Bitte, bringe mich hier runter.« Er half mir vom Trampolin herunter, und dann wurde es mit mir erst richtig schlimm.
Um das Trampolin herum war der Boden ganz weich und gab nach, weil der Belag aus Gummi bestand. So schwankte ich jetzt noch mehr und bat meinen Sohn, mich zu einem Laternenmast in der Nähe zu begleiten. Dort klammerte ich mich dann fest. So hing ich an einem Sonntagmorgen an einem Laternenmast in Stockholm, guckte etwas komisch in die Gegend und wartete darauf, dass mein Gleichgewicht zurückkehrte. Das stellte sich dann auch bald wieder ein. Wie heißt es so schön: »Wenn es dem Esel zu wohl wird, geht er aufs Eis; ist es die Omi, so springt sie Trampolin.«

Wir rumpelten zurück

Was uns in Indien so alles passiert ist, mit gutem Ausgang, habe ich in einigen der vorherigen Geschichten geschrieben. Wir waren froh in der Nacht in Neu-Delhi, als wir das Flugzeug mit fast einer Stunde Verspätung besteigen konnten. Entspannt lehnten wir uns zurück. Es waren wunderbare Tage bei unseren Kindern, aber man freut sich auch auf daheim. So starteten wir, und ich versuchte, nachdem ich etwas getrunken hatte, sofort einzuschlafen. Schlafen kann ich übrigens im Flugzeug bestens. Kaum hatte ich es mir bequem gemacht, gerieten wir in einen Sturm über Afghanistan. Wir wurden geschüttelt und gerüttelt, und es klirrte und klapperte um uns herum. Das Essen der anderen Passagiere konnten die Stewardessen gar nicht servieren.
Zwei Stunden ging das so weiter.

Dann kehrte endlich Ruhe ein. Nach ein paar Stunden Schlaf fing es über Polen wieder an. Nun war es ja nicht mehr so weit bis Frankfurt. Aber die Wetterlage wurde schlechter, je mehr wir uns der Landung näherten. Heftige Windböen erfassten uns. Wir wackelten wie eine Ente hin und her, und erst beim dritten Versuch gelang es dem Flugkapitän, die Landung einzuleiten. Wir waren noch ca. drei Meter über der Landebahn, da ließ der Kapitän das Flugzeug fallen. Wir hüpften im Sitz in die Höhe, rumpelten über die Landebahn, und die Erde hatte uns wieder.
Sofort entschuldigte sich der Kapitän über Lautsprecher bei seinen Passagieren. Und jetzt kam das, was ich nicht wusste. Bei böigen Seitenwinden kann ein Flugzeug nicht sanft zur Landung ansetzen. Der Pilot lässt, wenn er ca. drei bis vier Meter über Grund ist, das Flugzeug fallen. So kann er die Böen des Windes umgehen.

So hatte ich wieder etwas gelernt. Schön war es, wieder zuhause zu sein, aber ich freute mich schon auf meinen nächsten Flug von Frankfurt nach Stockholm.

Eine überzeugende Bahnfahrt

Mein Mann ist ein überzeugter Autofahrer, und er fährt liebend gerne seinen Wagen. Im Gegensatz dazu fahre ich nicht gerne Auto und bin ein überzeugter Bahnfahrer. Das alles führt bei geplanten Reisen oft zu Diskussionen, wobei ich meistens verliere.

In der Zeit, als unser jüngster Sohn mit Familie noch in Freising lebte, hatten wir wegen des Reisens zu den Kindern öfter diese Auseinandersetzungen. Häufig bin ich auch alleine mit der Bahn gefahren, wenn mein Mann geschäftlich verhindert war. Eines schönen Tages erklärte sich mein Mann bereit, mit mir mit der Bahn nach Freising zu fahren. Ich besorgte sofort die Fahrkarten.
Frohen Mutes machten wir uns am Reisetag früh am Morgen auf zum Bahnhof. Als wir am Bahnsteig an-

kamen, prangte uns ein Schild entgegen: Dieser Zug fällt heute aus, bitte begeben Sie sich zu Bahnsteig 1. Ein kurzer Seitenblick meines Mannes traf mich.
Am Bahnsteig 1 stand dann ein Zug nach München. Wir stiegen ein und stellten fest, dass der Zug ohne Heizung war. Ein Zugbegleiter sagte uns, dass diese kaputt sei. Wir wollten dann etwas zu trinken haben. Erst ab dem Bahnhof Stuttgart gäbe es Heizung und Wasser. Ich kochte innerlich. Jetzt hatte ich meinen Mann einmal überredet, mit mir im Zug zu fahren, und dann das.

In Stuttgart standen wir dann länger als geplant im Bahnhof. Durch diese Verspätung erreichten wir in München den Anschlusszug nach Freising nicht. Eine Stunde später als geplant waren wir an Ort und Stelle, verlebten mit den Kindern dann einen schönen Tag und machten uns gegen Abend frohgemut auf die Heimfahrt.

In Freising erfuhren wir am Bahnhof, dass unser Zug große Verspätung haben wird, und wir somit den letzten ICE nach Frankfurt nicht erreichen würden. Nicht so schlimm, denn von Freising fährt ja die S-Bahn nach München, und mit dieser würden wir es schaffen.
Wir bestiegen die S-Bahn, und ab ging die Post, aber nur bis Ober-Schleißheim. Hier hielten wir und mussten warten, bis uns der Schnellzug, mit dem wir ursprünglich fahren wollten, überholte. Nun wurde es wieder fraglich mit dem letzten ICE nach Frankfurt. Wir schafften es in letzter Minute.
Erschöpft sank ich auf meinen Platz gegenüber dem meines Mannes, der ja nichts vom Bahnfahren hielt. Zum Glück sagte er kein Wort. So, jetzt ab nach Frankfurt, dachte ich. Wir standen länger in München, da sich eine Tür nicht schließen ließ. Mit 15 Minuten Verspätung fuhren wir dann los. Kurz vor Augsburg hielt der Zug und

eine Durchsage kam, dass wir einen Dieb im Zug hätten und in Augsburg die Polizei zusteigen würde. Das geschah dann auch, und der Taschendieb wurde gefasst und mitgenommen. Dann wurde den Reisenden noch einiges erklärt: wie wir uns generell zu verhalten hätten und dass wir nie die Taschen unbeaufsichtigt lassen sollten. Dann ging es weiter. Verspätung hatten wir mittlerweile schon fast eine Stunde.
Mein Mann und ich aßen im Speisesaal zu Abend und machten es uns dann gemütlich und spielten Karten. Ich sagte nur, dass man das im Auto ja nicht könne, und mein Mann antwortete, dass wir das wahrscheinlich schon zwei Stunden zuhause hätten tun können, wenn ... Wir lachten beide.

Aber das dicke Ende kam noch. Hinter Darmstadt hielt der Zug, und über eine Durchsage wurde uns übermittelt, dass ein Sportflugzeug auf

die Oberleitung gestürzt und dadurch die Stromversorgung ausgefallen sei. Es würde einige Zeit dauern, bis wir umgeleitet würden. Wir bekamen dann Gutscheine von der Bahn.
Ich fahre nach wie vor gerne mit dem Zug. Mein Mann aber war nach dieser Reise ein noch weit mehr überzeugter Autofahrer.

Die Geschichte beruht auf ganzer Wahrheit. Vielleicht erinnern Sie sich noch an den Absturz des Sportflugzeuges auf die Strom-Oberleitung kurz vor Frankfurt in 2003.

Darüber könnte man doch nicht lachen

Wir waren mit unseren Freunden an der Nordsee in St. Peter Ording. Es war wie immer ein wunderschöner Urlaub. Jeden Tag wurden Ausflüge an die Küste gemacht oder am Strand gewandert. Eines Tages beschlossen wir alle, die Hamburger Hallig zu besuchen. Die Hamburger Hallig hat auch den Namen »Die Landfeste«, denn sie ist mit dem Festland verbunden.

Die Männer liehen sich sofort Fahrräder, um die 4–5 km bis Landsend zu fahren. Wir Frauen entschlossen uns zu laufen. Das Wetter und die Sicht waren gut und bald sahen wir in der Ferne unsere Männer, die sich schon auf einer Bank vor der Gaststätte ausruhten. Es dauerte noch etwas, bis wir sie dann erreichten. In der Gaststätte nahmen wir ein sehr gutes Mittagessen, Lammlachse, ein. Satt und zufrieden wurde der Rückweg angetreten, wobei erst noch die schöne Hallig-Landschaft bewundert wurde. Meine Freundin und ich machten uns auf den Rückweg, wobei wir von den Männern auf ihren Fahrrädern überholt wurden. »Kommt, setzt euch auf den Gepäckträger, wir fahren euch!« Eigentlich wollten wir das beide nicht, aber es wurde pausenlos auf uns eingeredet. »Na gut«, kam es genervt von unserer Seite.

Meine Freundin stieg als erste auf den Gepäckträger und klemmte sich prompt ihre Hände am Sattel ein. Dann kamen sie aber ganz gut in Fahrt. Jetzt stieg ich auf den Gepäckträger bei meinem Mann. Er fuhr los, wackelte bedenklich hin und her, kam rechts über die Straße hinaus, und eh wir uns versahen, lagen wir und das Rad vereint im Straßengraben.

Nachdem wir uns gegenseitig versichert hatten, dass uns nichts passiert sei und wir auch nichts gebrochen hätten, sagte ich: »Jetzt sind wir bald 50 Jahre verheiratet und liegen endlich einmal gemeinsam im Straßengraben.« Danach lachten wir beide. Unsere Freunde hatten gar nichts bemerkt. Als sie sich einmal umdrehten, wunderten sie sich sehr, dass von uns nichts zu sehen war. Sehr erstaunt waren sie, als sie sahen, wie wir aus dem Straßengraben krabbelten. Sofort eilten sie zurück und waren in Sorge um uns. Erleichtert waren wir dann alle vier, dass alles so glimpflich ausgegangen war. Den Rest des Weges gingen wir alle zu Fuß.

Am Telefon erzählte ich lachend meinem jüngsten Sohn unser Erlebnis. Darüber könnte man doch nicht lachen. Das sei in unserem Alter purer Leichtsinn, sagte dieser. Und der älteste Sohn schloss sich den Worten seines Bruders an.

Fast stranguliert

Meine Freundin hat sich aus dem Tierheim einen kleinen Hund geholt. Der Rasse nach ist er ein Pinscher. Ich bewundere sie, wie sie mit dem Tier umgeht, es umsorgt und versucht, den kleinen Hund etwas zu lehren.
Es ist ein sehr unruhiges Tier, das hin und her springt und sehr schnell laufen kann. Er hat es in seinem Hundeleben bisher nicht so gut gehabt und ist jetzt aber in liebevollen Händen.

Vor einiger Zeit war meine Freundin zu Besuch bei Bekannten. In dem Haus gibt es einen Aufzug, und Frauchen und Hund stiegen fröhlich ein. Während meine Freundin auf den Knopf zum betreffenden Stockwerk drückte, lief der Hund, der an der Leine war, wieder aus dem Aufzug hinaus. Die Tür ging zu, der Aufzug

fuhr nach oben und der Hund war draußen.
Es folgte ein Aufschrei meiner Freundin, die sofort den Halteknopf drückte, danach gleich den Knopf zum wieder Runterfahren. Die Aufzugtür öffnete sich, und putzmunter und in großer Freude hin- und her springend präsentierte sich der kleine Hund. Zum Glück war die Hundeleine extra lang. Der Schreck aber fährt einem in alle Glieder, wenn man sich diese Aufzugfahrt vorstellt.
Aber diese Geschichte geht weiter.

Frauchen und Hund haben sich überschwänglich begrüßt; dabei fiel die Leine mit dem Griff in den Aufzugschacht, aber zum Glück setzte sich der Aufzug nicht in Bewegung; denn dadurch wäre die gleiche Situation entstanden, nur in die andere Richtung. Meine Freundin holte sofort eine Schere aus ihrer Tasche und schnitt die Leine durch.
Es folgte ein großes Aufatmen von

1. OG

meiner Freundin und ein freudiges Herumspringen des kleinen Hundes ohne Leine.

Aufzüge werden jetzt mit besonderer Vorsicht bestiegen.

Diese Dame gehört sicher zum Zirkus

Heute Abend gehen wir in den Zirkus, und die Tochter nehmen wir mit.«
Dies sagte der Mann einer lieben Bekannten von mir am Vormittag zu seiner Familie. Die beiden Damen fanden das ganz toll, und man freute sich auf den Abend. Karten hatte die Familie in der ersten Reihe, direkt an der Manege. Alle machten sich landfein, aber meiner Bekannten gefiel ihre Frisur nicht so gut, und deshalb setzte sie ihre Perücke auf.
Die Vorstellung war sehr aufregend, und der Abend wurde genossen.
Dann kam die Nummer mit den Kamelen. Fünf Kamele trotteten im Kreis herum. Das letzte Kamel war noch ein bisschen langsamer als seine Artgenossen. Als es bei meiner Bekannten vorbei kam, nahm es ihr blitzschnell die Perücke vom Kopf

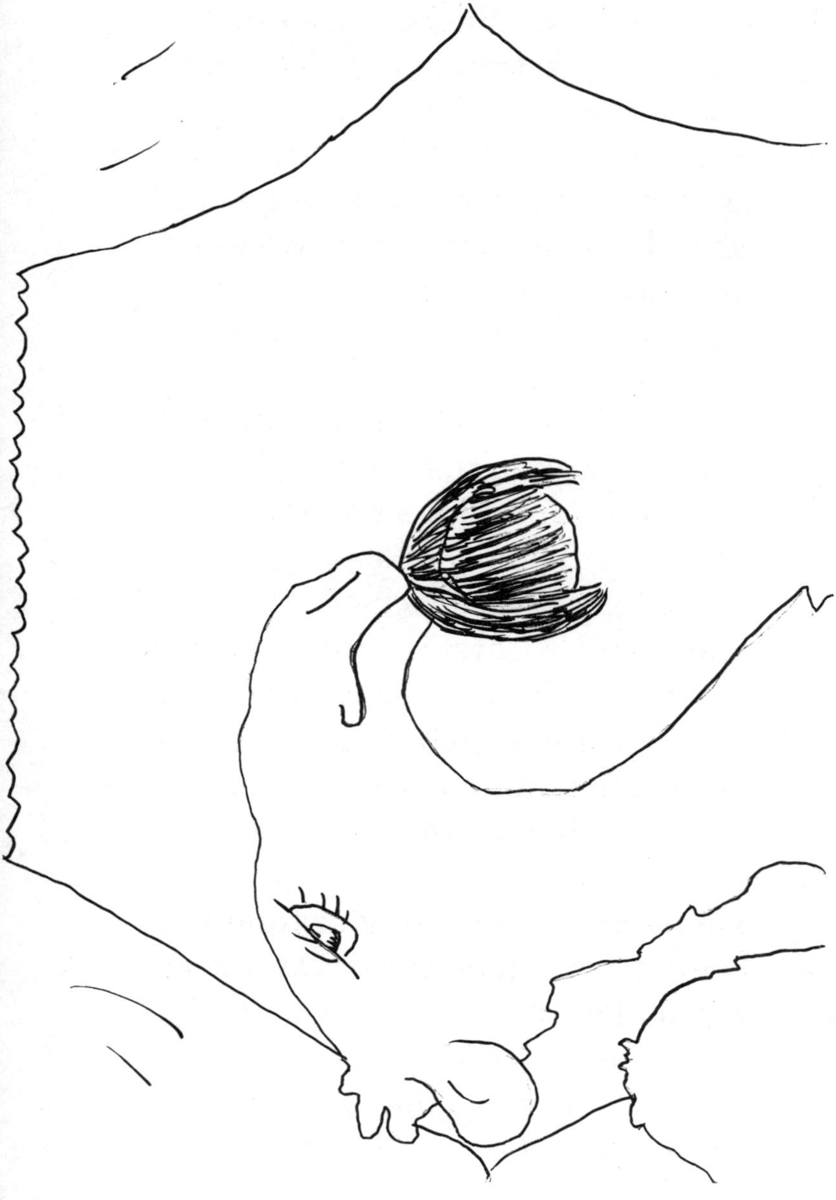

und lief weiter. Ein Schrei der Begeisterung ging durch die Zuschauer und tosender Applaus folgte.
Entsetzt griff sich meine Bekannte an den Kopf. Dann kam gerade das Kamel mit der Perücke im Maul wieder vorüber. Beherzt und blitzschnell entriss sie dem Tier ihre Perücke und setzte sie wieder auf.
Wieder erhielt sie donnernden Beifall von den Zuschauern, besonders als sie dann freundlich den Leuten zuwinkte.

Mann und Tochter schämten sich in Grund und Boden. Sie wollten nach der Pause gar nicht mehr auf ihre Plätze und meinten, dass man die Mutter nicht mehr mitnehmen könnte.
Meine Bekannte aber war total vergenügt und genoss ihr Dasein als Zirkusstar.

Zerstreut

Ich hatte einen guten alten Bekannten und Freund. Er war Geschichtsprofessor und zweifacher Doktor. Dann starb er vor zwei Jahren im Alter von 93 Jahren. Er arbeitet bis zu seinem Tod noch wissenschaftlich für die Universität. Ein liebenswerter Mensch, und jede Unterhaltung mit ihm war ein Geschenk.

Dieser Professor fuhr nun vor ein paar Jahren mit dem Zug und setzte sich in den Speisewagen. Er war ein Freund des Essens und des Weines, und er ließ sich viel Zeit im Speisewagen; genoss die Fahrt und das Glas Wein. Dann stand er auf und begab sich wieder zu seinem Platz im Abteil zwei Wagen weiter.
Gerade hatte er sich hingesetzt, um nunmehr in Ruhe zu schlafen, als der Kellner herein stürzte und ihn etwas unfreundlich bat, jetzt doch erst ein-

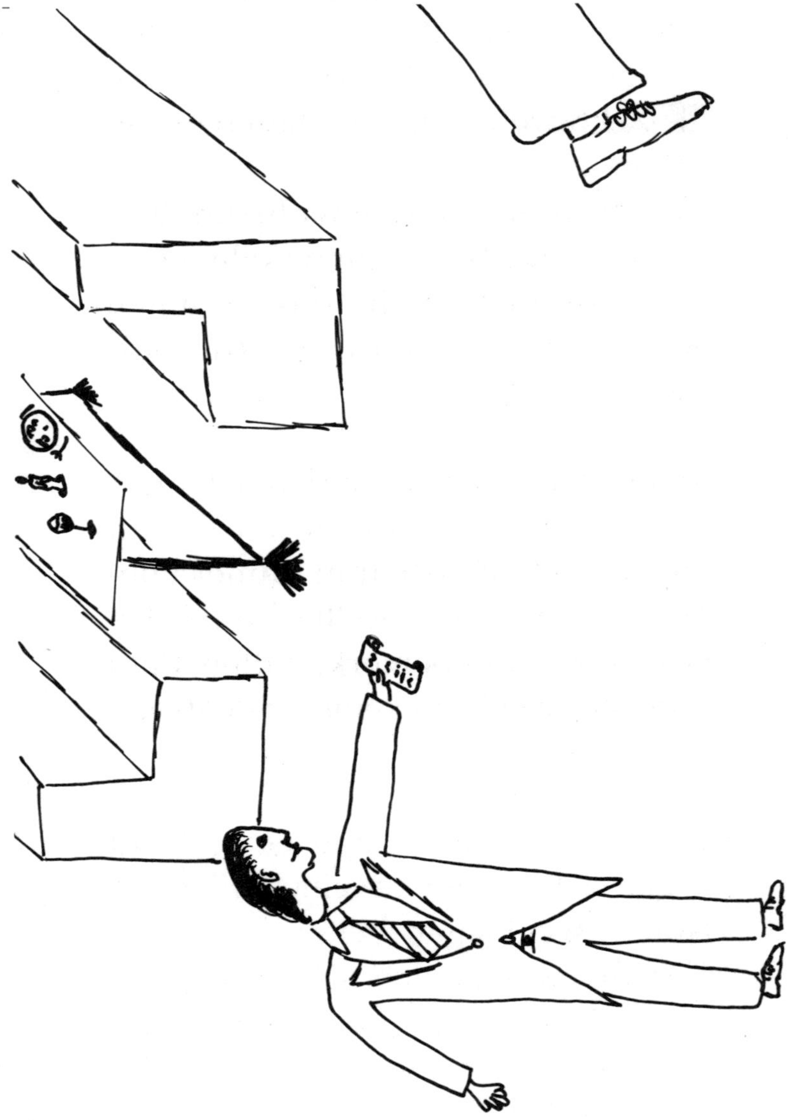

mal seine Rechnung zu begleichen. Wie war das diesem zerstreuten Professor peinlich, vor allen Leuten als Zechpreller dazustehen bzw. zu sitzen.
Er entschuldigte sich wohl ein Dutzendmal, und selbst dem Kellner entging nun nicht mehr, dass er einen echten »zerstreuten Professor« vor sich hatte.

Später kam er fast bei jeder Unterhaltung mit mir auf diesen Vorfall zurück. Ich musste ihm immer wieder versichern, dass Kellner und Fahrgäste bestimmt bemerkt hätten, dass seine Zechprellerei keine Absicht war.

Wie war der Name?

Mein jüngster Sohn Matthias lebt mit seiner Familie in Neu-Delhi. An einem Sonntag waren sie in der Kirche in der Vatikan-Botschaft.

Dort im Garten steht eine große Mutter-Gottes-Statue.

Nach der Kirche gingen er und seine vierjährige Tochter Sarah im Garten an der Mutter Gottes vorbei. Folgender Dialog fand statt: »Papi, das ist doch die Mutter Gottes und die heißt Maria?« »Richtig, Sarah!« »Und die hat einen Mann und der heißt Josef?« «Richtig, Sarah!« »Und wie heißt das Kleine, das die beiden haben?« …

Der Fleischklopfer

Ich habe lange gezögert, diese Geschichte zu schreiben.
Sie liegt weit zurück, etwa 40 Jahre, und doch gehört sie zu den Erlebnissen, auf die die Familie immer wieder zurück kommt, und über die immer noch gelacht wird.

Es geht um einen einfachen Fleischklopfer aus Holz. Er gehörte meinen Eltern und wurde an mich weitergereicht. Er war schon reichlich abgenutzt, aber um Schnitzel und Koteletts zu klopfen, war er bestens geeignet. Er stand unten im meinem Küchenschrank, immer griffbereit, und das nutzte besonders unser jüngster Sohn Matthias aus. Es ließ sich ja auch wunderbar damit spielen.

Es war an einem, noch, friedlichen Nachmittag. Stephan, fünf Jahre alt, spielte im Kinderzimmer an seinem

Tischchen. Matthias, drei Jahre alt, lief in der Wohnung umher und wusste nicht so richtig, was man denn mal machen könnte.
Er trottete in die Küche und holte sich aus dem Schrank den Fleischklopfer. Damit begab er sich ganz gemächlich in das Kinderzimmer.
Ich erledigte Hausarbeiten und ahnte nichts Böses, bis ich sah, was Matthias vorhatte. Er stellte sich hinter seinen Bruder, hob schwankend den Fleischklopfer und schlug ihm diesen auf den Kopf. Ich kam zu spät, um dieses Attentat noch zu verhindern.
Großes Wehgeschrei setzte ein, und der Attentäter stand erstaunt dabei. Ich tröstete den Überfallenen und schimpfte mit dem heimtückischen Täter, der natürlich auch sofort mitheulte.
Den Fleischklopfer verbannte ich in den Höhen des Küchenschranks, wo er von den Kindern nicht mehr erreichbar war.

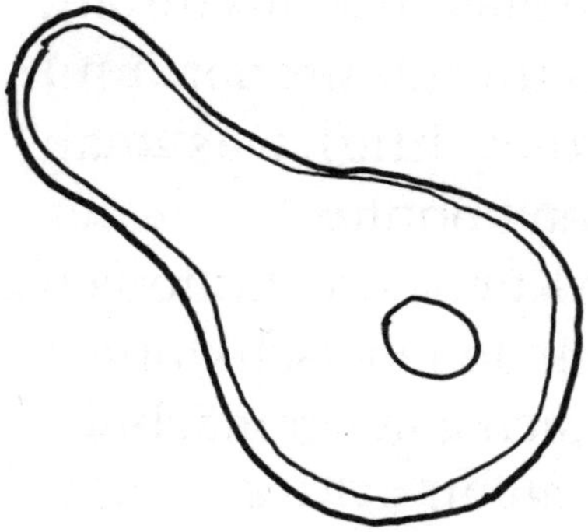

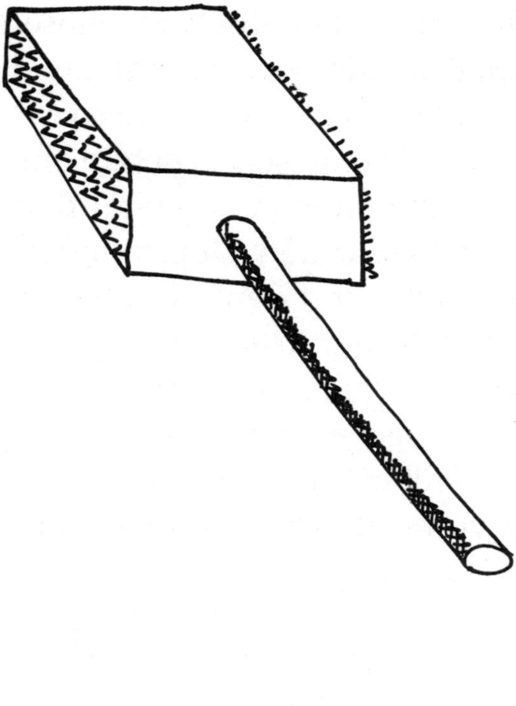

Stephan ist ein Professor geworden. Matthias gibt sich die Schuld daran. Ohne seinen Schlag auf den Hinterkopf seines Bruders hätte es dieser nie so weit gebracht.

Ich habe übrigens diesen Fleischklopfer letzte Weihnachten schön eingepackt und das Päckchen an Matthias verschenkt. Das erregte großen Protest des Professors. Mir wurde vorgeworfen, das Tatwerkzeug jetzt auch noch dem Täter geschenkt zu haben. Stimmt!

Pudding

Diese Geschichte ist etwas für Großmütter. Es wird ihnen das Herz aufgehen, wenn sie diese Zeilen lesen.
Vieles, was Enkelkinder sagen oder tun, wird ja von Omis anders aufgenommen als von den dazugehörigen Eltern.

Mein ältestes Enkelkind, Sebastian, ist jetzt sieben Jahre alt und geht in die Deutsche Schule in Neu-Delhi (Indien) in die 2. Klasse.
Den Kindern der Klasse wurde ein Fragebogen vorgelegt; auf dem stand das Folgende:

1. Was hat dein Papa am liebsten?
2. Was hat deine Mama am liebsten?
3. Was hat deine Omi am liebsten?
usw.

Sebastian überlegte kurz und gab dann folgende Antworten: Mein Papa mag am liebsten Fußball. Meine Mama mag am liebsten Schokolade. Meine Omi mag am liebsten mich.
Bei dieser Omi-Antwort zerfließt man doch wie Butter in der Sonne. Man ist total gerührt.

Wie heißt es doch so schön: die Enkelkinder sind im Alter der Nachtisch, d.h. der Pudding.

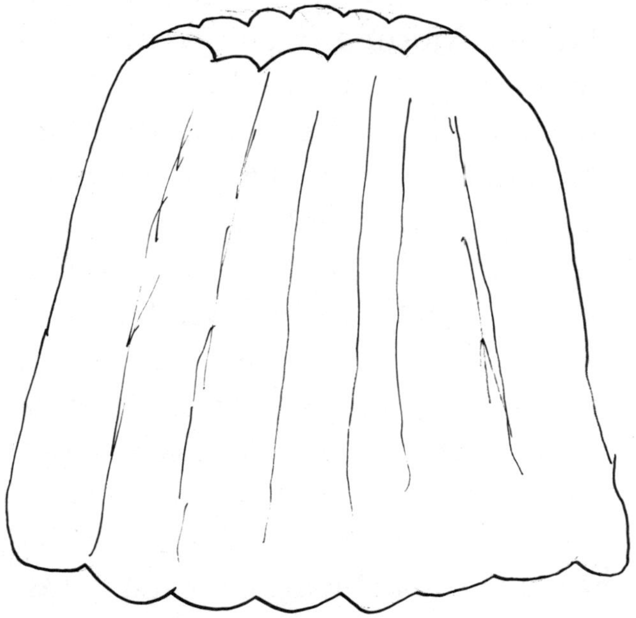

Und wieder eine Eisgeschichte

1992 erschienen meine ersten Kurzgeschichten »Soweit ich mich erinnern kann.« Unter dem Titel »Noch eine Eisgeschichte« steht da Folgendes:

Meine Cousine Rosemarie aß nichts lieber als Eis. Sie hatte dabei eine besondere Masche, die sie immer wieder vorführen musste. Mit der Zunge drückte sie das Eis fest in die Tüte, dann rief sie: »Schaut alle her, was ich kann!« Dann drehte sie die Eistüte herum, und jeder sollte nun staunen, wie fest das Eis in der Tüte hielt.
Eines Tages war ich wieder einmal mit ihr beim Eismann. Und erneut rief sie: »Schau mal, was ich kann!«. Sie drehte die Tüte herum und schon machte es »platsch«, und das schöne Eis lag auf der Straße. Meine Cousine wurde puderrot im Gesicht vor Ärger und ich konnte nicht aufhören zu lachen.

In diesem Buch folgt nun die Fortsetzung oder Teil 2 dieser Geschichte. Mein Enkel Sebastian, siebeneinhalb Jahre alt, war in den Sommerferien 2008 bei uns zu Besuch. Wir wollten gemeinsam zum Hauptbahnhof gehen. Unterwegs kamen wir an einer Eisdiele vorbei. Als ich den sehnsüchtigen Blick meines Enkels sah, kaufte ich ihm ein Bällchen Eis. Erdbeergeschmack suchte er sich aus. Er leckte ein paar mal daran, und plötzlich sagte er: »Omi, kannst du dich noch an die Eisgeschichte in deinem Buch erinnern? Da hat doch deine Cousine Rosemarie das Eistütchen herum gedreht, schau', so hat sie es gemacht!«
Sebastian drehte sein Eistütchen herum und »platsch« lag sein Erdbeereis auf der Straße. Völlig verdutzt und dann total traurig stand Sebastian da. Ich musste natürlich sofort lachen, und dann tröstete ich ihn: »Wir kaufen ein neues Eis, aber du hast ungewollt die Fortsetzungsgeschichte von

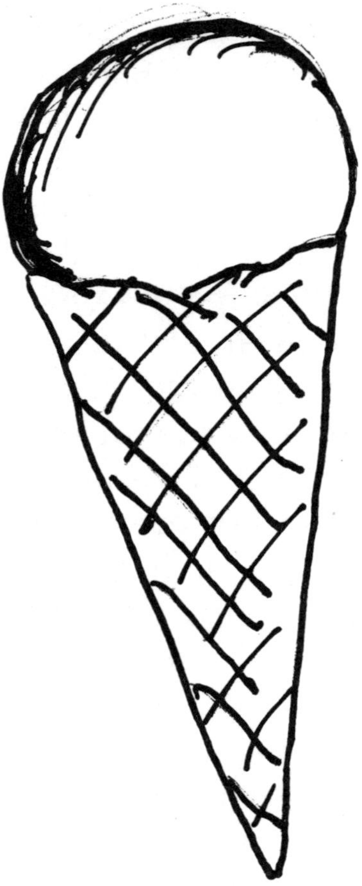

damals geliefert. Jetzt hast du sie richtig miterlebt. Die Omi ist dir dankbar.«

So getröstet begaben wir uns wieder zu dem Eissalon.

1. Klasse und dann abgeführt

Ich hatte von meinem jüngsten Sohn eine Bahncard 1. Klasse geschenkt bekommen. Diese Bahncard machte mir große Freude. Ich hatte oft Lesungen im Taunus und dachte mir, dass ich dann mit der Bahn oder S-Bahn immer bequem nach Frankfurt zurückfahren könne.

Nach so einer Lesung stieg ich in Hattersheim, bepackt mit Büchern und einer Tasche australischer Stofftiere, in die S-Bahn nach Frankfurt und ließ mich in der 1. Klasse nieder. Kein Mensch war außer mir im Abteil, und durch die rückwärtigen Fenster konnte ich in die 2. Klasse, die wohl voll besetzt war, blicken. Der Zug war noch nicht in voller Fahrt, da standen auch schon zwei Kontrolleure in Uniform vor mir.
Freundlich baten sie um meinen Fahrschein. Ich reichte ihnen meinen

Fahrschein und die Bahncard. Sie betrachteten die Karte und dann mich und schüttelten den Kopf. »Hier dürfen Sie nicht sitzen, Ihre Karten sind erst dann gültig, wenn Sie in die andere Richtung fahren, nämlich nach Wiesbaden. Hier in der Zone gelten sie nicht. Wir bekommen 60 €!«
Ich starrte die beiden an. Was nun?
»Ich habe bei behinderten Kindern gelesen und hier in meiner Tasche habe ich lauter australische Tiere«, sagte ich. Interessiert sahen die Kontrolleure auf die Tasche, und ich packte die Tiere aus und nannte deren Namen. Dann zeigte ich meine Bücher und erzählte aus meinem bunten Leben. Die Mitfahrer in den Nachbarabteilen reckten mittlerweile die Köpfe. Man konnte direkt ihre Gedanken hören. Die hat sicher Rauschgift dabei oder sie wird gesucht, denn die Kontrolleure hatten sich inzwischen gesetzt und betrachteten sich alles.
Der Zug hielt am Bahnhof Höchst.
»Eigentlich müssten wir hier ausstei-

DB
1. Klasse

gen und den Gegenzug kontrollieren, aber wir fahren mit Ihnen weiter, und Sie erzählen noch ein bisschen.«

Ich saß also immer noch in der 1. Klasse, gut beschützt. Als wir uns dem Hauptbahnhof Frankfurt näherten, packte ich alles weg. Unter großer neugieriger Anteilnahme der anderen Fahrgäste stiegen meine Kavaliere, meine Tasche tragend, mit mir aus und begleiteten mich zum Ausgang, wo sie sich mit einem großen Dankeschön von mir verabschiedeten.
Ausgesehen hat das Ganze natürlich, als würde ich abgeführt.
Kontrolleure benehmen sich immer korrekt. Ich habe das Ganze frei erfunden, oder?
Nein, es ist die Wahrheit.

Die Lieblingshose – Teil II

Es gibt im Leben Vieles, was sich wiederholt. In meinem Buch »Die Erinnerung trägt mich weiter«, 1995 erschienen, steht folgende Geschichte:

Da gab es eine Jeans, die mein Sohn Matthias über alles liebte. Weil er sie so gerne anzog, wurde sie vom vielen Waschen auch strapaziert. Und da er in der Hose fast jeden Tag auf dem Bolzplatz Fußball spielte, hatte sie auch oft Löcher und Risse. Ich konnte sie nicht mehr reparieren, und so trug ich sie in Abständen zu unserem Schneider. Der setzte Flicken ein und übersteppte die Löcher, und wenn ich die Hose abholte, sagte er: »Hier ist die liebe Hose.«
Die liebe Hose bestand bald nur noch aus Flicken, aber sie musste für Matthias immer wieder neu geflickt werden.

Ich glaube, kein anderer Schneider als unser Grieche Gregorius Gaganis hätte dieses »Prunkstück« noch angefasst.
Inzwischen sind etwa zwanzig Jahre vergangen, aber noch immer, wenn ich zu ihm komme, stellt mir unser Schneider die Frage: »Was macht die liebe Hose?«

Und jetzt, nach ungefähr 30 Jahren, haben wir wieder eine Lieblingshose. Sie gehört ebenfalls meinem Sohn Matthias und ist eine dreiviertellange Hose.
Wenn er aus Indien zu Besuch nach Frankfurt kommt, wird diese Hose, genau wie damals, zu unserem Schneider Gregorius Garanis gebracht. Dieser näht sie genauso liebevoll wie immer zusammen, allerdings sieht sie nicht so verstückelt aus wie die alte Jeans vor 30 Jahren.
Ich finde es sehr schön, dass sich einfache Dinge wiederholen, weil man es in der Jugend so gemacht hat und

weil unser zuverlässiger und freundlicher Schneider mit seiner Frau immer noch für uns tätig ist.

Selbstbedienung

Wir waren mit unserer Enkelin Sarah, dreieinhalb Jahre alt, zum Gottesdienst in der Kirche St. Leonhard. Sie verfolgte alles sehr aufmerksam und wartete immer auf das Kollektenkörbchen. Sie bekam dann von ihrem Papi einen Euro, den sie sehr langsam in das Körbchen warf, und auch der Inhalt wurde aufmerksam betrachtet. Wir mussten ihr öfters das Behältnis aus der Hand nehmen.

Es war wieder einmal Sonntag, und wir waren in der Kirche. Sarah bekam den Euro und bedächtig tat sie ihn in den Kollektenkorb, um dann ganz schnell ihr Händchen herauszunehmen. »Sarah, was hat du da in der Hand?«, wurde sie gefragt.
Strahlend öffnete sie ihr Händchen und eine 10-Euro-Note kam zum Vorschein. Wir waren alle verblüfft, und

Sebastian, ihr Bruder, rannte dem Kollektenkorb hinterher mit dem 10-Euro-Schein.

Sarah verstand die Welt nicht mehr.

Hochzeitserinnerungen

Ich bin jetzt 50 Jahre verheiratet, und ich glaube, es ist an der Zeit, diese Geschichte von meiner Hochzeit zu schildern.

Was war das für mich für eine Aufregung, als wir am Nachmittag vor der kirchlichen Trauung in unseren geliehenen Mercedes 300 mit Fahrer stiegen. Ich hatte ein wunderschönes Brautkleid an, der kurze Schleier stand mir wunderbar und die weißen Nelken (damals war das hochmodern) im Arm fielen wie ein Wasserfall ein Stück nach unten. Man kann heute gar nicht ermessen, was das vor 50 Jahren bedeutete.
Die Trauung war sehr schön, alle waren gerührt, und strahlend und freudig verließen wir die Kirche und stiegen wieder in unseren geliehenen Mercedes.
Wir fuhren zum Fotografen, und dann

wollte ich auf der Heimfahrt gesehen werden und den Menschen zuwinken.
Da sagte mein mir eben angetrauter Mann zu dem Fahrer, dass er hinten am damaligen Frankfurter Schlachthof vorbei fahren solle, das wäre näher. Und so hat mich auf der Heimfahrt durch stille Gassen nur eine Gärtnerfrau aus Oberrad gesehen, die mir mit einem Korb voller Gemüse zuwinkte.

Danke

Kommt das Wörtchen »Danke« aus der Mode? Das frage ich mich in letzter Zeit öfter. An und für sich ist es doch selbstverständlich, einem Mitmenschen, der höflich ist oder einem weiterhilft, ein Dankeschön auszusprechen.
Eines dieser negativen Erlebnisse, die ich in letzter Zeit hatte, möchte ich herausgreifen und hier aufschreiben.

An unseren Briefkästen stand eine Dame mittleren Alters und suchte verzweifelt einen Namen: »Kann ich Ihnen helfen?« fragte ich. »Ja, ich suche die Hausnummer 25!«
Ich sagte ihr, dass hier die Nummer 37 wäre, und sie müsste nun aus der Einfahrt herausgehen und sich rechts halten, das fünfte Haus wäre dann das richtige.
Wortlos drehte sie sich um und ging

fort. Ich rief ihr laut nach »Dankeschön!« Sie schaute zurück und rief lächelnd: »Bitteschön.«
Was soll man dazu sagen? Ich nahm es mit Humor und hatte wieder eine Geschichte für mein Buch.

Es sei noch bemerkt, dass der größte Teil der Mitmenschen besser ist.

Piep

Mein Verwandter Bert, man kennt ihn aus der »verrückten Geschichte« aus meinem Buch »Ich erinnere mich wieder«, hatte sich ein neues Auto gekauft und fuhr am Nachmittag des gleichen Tages mit seiner Frau zum Bahnhof, um deren Freundin abzuholen. Stolz wurde dieser das Auto gezeigt, und sie wurde gebeten einzusteigen. Voller Lob tat sie dieses. Bert fuhr an und es ertönte ein Piepen. »Ist hinter mir jemand?« fragte sich Bert, aber es war nichts zu sehen, nur das Piepen ertönte in regelmäßigen Abständen. »So ein Mist, ein neues Auto und irgendetwas stimmt schon nicht. Denen werde ich Bescheid sagen!«, so schimpfte der neue Autobesitzer vor sich hin, drehte den Wagen und fuhr auf schnellstem Weg zu den Autohaus, wo er den Wagen am Morgen erstanden hatte, wurde aber immer von

12:59

einem regelmäßigen Piepen begleitet. Beim Autohaus angekommen sprang er aus dem Wagen und lief voller Empörung in den Laden. Wild gestikulierend kam er mit dem Chef zurück, der beruhigend auf ihn einredete. Der Mann ging zum Wagen, begrüßte die Damen, hörte sich das Piepen an und bat die beiden auszusteigen samt Taschen und Gepäck und sich von dem Auto zu entfernen.
Und siehe da, im Auto wurde es ruhig und das Piepen entfernte sich mit den Damen. Dann war alles schnell aufgeklärt. Es war ein kleiner Wecker, der im Gepäck der Freundin war.
Der Chef des Autohauses lachte, der Rest schämte sich ein bisschen, und mit vielen Entschuldigungen fuhr das neue Auto mit seinen Insassen zum Tor hinaus.

Etwas stimmt da nicht

Besagter Bert aus der Vorgeschichte hatte einen runden Geburtstag und lud uns zu seiner Feier ein, die uns wirklich wunderbare Stunden bescherte. Am Eingang des Festsaals übergaben wir ihm einen Umschlag mit Glückwünschen und einem Gutschein. Ich bat ihn, denselben gut zu verwahren, und er steckte den Brief in seinen Sakko.

Nach einigen Wochen kam ein Brief von Bert, dazu schöne Fotos. Er bedankte sich, dass wir mit ihm gefeiert hätten. Ich las das Schreiben und sagte zu meinem Mann: »Da stimmt etwas nicht. Er schreibt kein Wort von dem Gutschein. Ich rufe einmal an.« Mein Mann meinte, dass man das nicht machen könne. Ich dachte aber, wenn man sich so gut kennt, geht das wohl und griff zum Telefon. Es lief nur der Anrufbeantworter, aber

GUTSCHEIN

ich bedankte mich für die netten Worte und die Bilder und fragte ganz vorsichtig, ob er den Gutschein nicht bekommen hätte. Am anderen Tag rief Bert zurück. Nein, er hätte keinen Gutschein bekommen. Ich erinnerte ihn daran, dass er unseren Brief am Eingang des Saales in seinen Sakko gesteckt hätte.
Er schrie: »Bitte bleibe am Telefon, mir fällt etwas ein!« Dann holte er seinen Sakko, den er an diesem Abend getragen hatte, griff in die Brusttasche, und siehe da, der ungelesene Glückwunschbrief mit Gutschein kam zum Vorschein.

Bert entschuldigte sich und dankte mir, dass ich nach dem Brief bzw. Gutschein gefragt hätte. Es hätte sicher noch länger gedauert, bis er den Sakko wieder angezogen oder vielleicht in die Reinigung gegeben hätte.

Ich sage immer, man muss miteinander reden!

Morgenstund' hat Gold im Mund

Dieses Sprichwort kennt wohl jeder, aber meine Mutter hat mir dazu eine Geschichte erzählt. Ich weiß nicht, ob sie diese erfunden hat oder ob sie sie gelesen hatte. Ich weiß wirklich nicht, woher diese Geschichte kommt. Ich schreibe sie einmal auf und vielleicht kennt der eine oder andere sie auch.

Es war einmal eine Frau, die verkaufte irdene Töpfe. Sie brachte diese immer zum Markt, man kannte sie und kaufte gerne bei ihr ein. Als sie etwas älter wurde und nicht mehr so gut konnte, bat sie ihren Sohn, das Geschäft zu übernehmen. Aber dieser war stinkfaul. Er schlief morgens sehr lange und hatte nur Hunger und Durst und Abscheu vor der Arbeit.
Bis er gegen Mittag mit seinen Töpfen zum Markt kam, hatten sich die

TÖPFE
TÖPFE

Käufer bereits verlaufen, und die meisten waren schon wieder zuhause.
Die Mutter schimpfte ihren Sohn aus. Morgenstund' hat Gold im Mund, da verkauft man das meiste an Töpfen. Du bist so faul, usw.

Da wurde es dem Sohn eines Tages zu viel. Er stand früh auf und begab sich schon um 6 Uhr auf den Weg zum Markt in der Stadt. Gegen 10 Uhr war er schon wieder zurück, ohne einen einzigen Topf. Die Mutter staunte und sagte: »Siehst du, Morgenstund' hat Gold im Mund!«
Darauf antwortete der Sohn: »Und die Töpfe liegen im Wiesengrund!«

Er war gestolpert und mitsamt all seinen irdenen Töpfen im Graben gelandet, und alles war zerbrochen.
»Wäre ich nur im Bett geblieben«, seufzte er noch!

Ein schönes Geschenk

Mein Mann sitzt oft am Computer. Er hat sich vieles selbst beigebracht, aber es hapert trotzdem zurzeit immer noch mal wieder.
Kommen unsere Söhne aus dem Ausland einmal zu Besuch, so werden sie meistens vom Vater um Hilfe gebeten, da irgend etwas mit dem Computer wieder nicht funktioniert.

Mein Mann hatte Geburtstag, und es hatte sich unser ältester Sohn Stephan aus Stockholm angesagt.
Es schellte am Nachmittag und voller Freude rannte ich zur Tür, um zu öffnen. Die Treppen herauf kam unser Sohn, merkwürdig verändert.
Er hatte sich eine riesige Schleife um die Stirn gebunden. Als er meine erstaunten und fragenden Augen sah, sagte er zu mir: »Ich bin das Geburts-

tagsgeschenk für den Vater, ich bin ein ›Computer-Kurs‹«.

Für meinen Mann war dies das schönste Geburtstagsgeschenk.

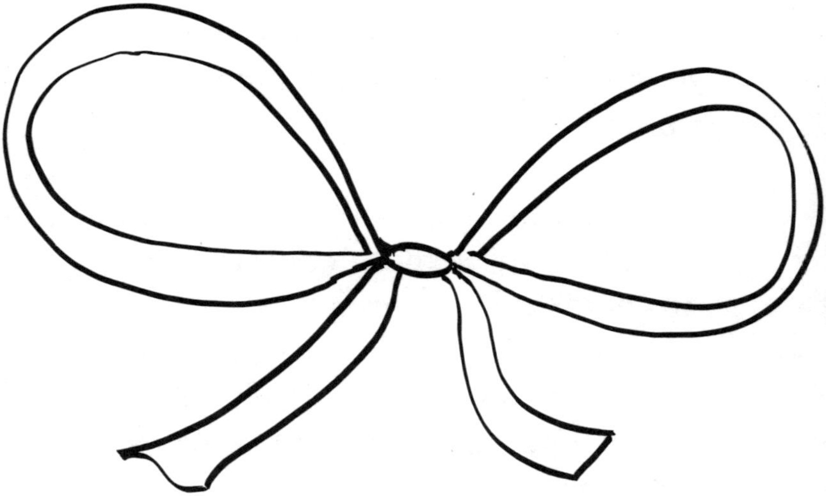

Forian Beer, der Zeichner, wurde an einem wunderschönen Herbsttag, am 29.10.1994 geboren. Er ist im Café Gruber im Frankfurter Westend aufgewachsen. Zurzeit besucht er die 9. Klasse des Gymnasialzweigs der I. E. Lichtigfeldschule in Frankfurt.

Als Leistungssport betreibt er sehr erfolgreich und leidenschaftlich das Fechten und möchte in dieser Sportart Höchstleistungen erreichen.

Von Hannelore Hau ebenfalls lieferbar:

Soweit ich mich erinnern kann
Geschichten von gestern und heute für Kinder und fröhliche Leute
1992. 160 Seiten. Pb. € 9,20.
ISBN 978-3-89406-578-8

Ich erinnere mich wieder
Erzählungen
1999. 152 Seiten mit Zeichnungen von Uwe Peters.
Pb. € 10,50. ISBN 978-3-89501-838-1

Was ich zu erzählen habe
2004. 80 Seiten mit 43 s/w-Zeichnungen.
Pb. € 8,80. ISBN 978-3-8301-0609-8

www.edition-fischer.de • www.rgfischer.de

Von Hannelore Hau
ebenfalls lieferbar:

Platypus, das Schnabeltier
Eine Geschichte aus Australien
2. Auflage 2007. 64 Seiten mit zahlr. s/w-Abb.
Pb. € 8,80. ISBN 978-3-8301-1029-3

Hilda und Inchy
Vom Huhn Fahrplan und andere Geschichten
2. Auflage 2007. 72 Seiten mit zahlr.
Zeichnungen. Pb. € 9,80.
ISBN 978-3-8301-1161-0

Wie der Februar zu seinen 28 Tagen kam
2. Aufl. 2005. 80 Seiten mit zahlr. farbigen Abb.
Pb. € 12,80. ISBN 978-3-89501-016-3

Rakotto. Ein Schaf wird berühmt
2001. 56 Seiten mit zahlr. s/w-Zeichnungen von
Christian Schmitt und
Ann-Sophie Schmitt.
Pb. € 8,80. ISBN 978-3-8301-0132-1

Von Hannelore Hau
ebenfalls lieferbar:

Die Wombats

Eine australische Tierfamilie auf Reisen

3., überarb. Auflage 2001. 64 Seiten mit 8 s/w-Abb. von Eva-Maria Schmitt und Vanessa Eichhorn.

Pb. € 8,80. ISBN 978-3-8301-0189-5

Nelly, die neugierige Kaffeebohne

Erlebnisse und Abenteuer einer reiselustigen Kaffeebohne

2. Auflage 1999. 64 Seiten. Pb. € 8,00.

ISBN 978-3-89406-811-0

Die Erinnerung trägt mich weiter

Geschichten zum Schmunzeln und Nachdenken

2. Auflage 1999. 144 Seiten. Pb. € 11,50.

ISBN 978-3-89501-235-8

Brummelia und Jumbi

Die Geschichte einer ungewöhnlichen Freundschaft

2. Auflage 1996. 64 Seiten. Pb. € 8,59.

ISBN 978-3-89501-345-5